Impressum
Verlag: BABADADA GmbH, Nedderfeld 112 , 22529 Hamburg
Geschäftsführer / Verlagsleitung: Harald Hof
Druck: Books on Demand GmbH, In de Tarpen 42, 22848 Norderstedt

Imprint
Publisher: BABADADA GmbH, Nedderfeld 112 , 22529 Hamburg, Germany
Managing Director / Publishing direction: Harald Hof
Print: Books on Demand GmbH, In de Tarpen 42, 22848 Norderstedt, Germany

escuela
School

dividir
delen

186/2

pizarra
Tafel

aula
Klassenstuuv

patio
Schoolhoff

maestro/a
Schoolmeester

papel
Papeer

escribir
schrieven

bolígrafo
Sticken

escritorio
Schrievdisch

regla
Lienholt

libro
Book

alumno/a
Schöler

cartera

Ranzel

caja de lápices

Feddermapp

lápiz

Bleesticken

sacapuntas

Scharpmaker

goma de borrar

Radeergummi

cuaderno de dibujo

Tekenblock

dibujo
Teken

pincel
Pinsel

caja de pinturas
Malkassen

tijeras
Scheer

pegamento
Klever

cuaderno de ejercicios
Heft to'n Öven

deberes
Huusopgaav

12

número
Tall

2+2

sumar
tohooptellen

5-2

restar
aftrecken

2×2

multiplicar
malnehmen

calcular
reken

A

letra
Bookstaav

ABCDEFG HIJKLMN OPQRSTU VWXYZ

alfabeto
ABC

hello

palabra
Woort

texto

Text

leer

lesen

tiza

Kried

lección

Stunn

cuaderno de notas

Klassenbook

examen

Pröven

certificado

Tüügnis

uniforme escolar

Schooluniform

educación

Utbillen

enciclopedia

Nakieksel

universidad

Universität

microscopio

Mikroskop

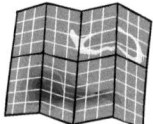

mapa

Koort

papelera

Papeerkorf

viaje
Törn

hotel
Hotel
Grand
albergue
Harbarg
ROOMS
oficina de cambio de divisas
Wesselstuuv
CHANGE
maleta
Kuffer
coche
Auto

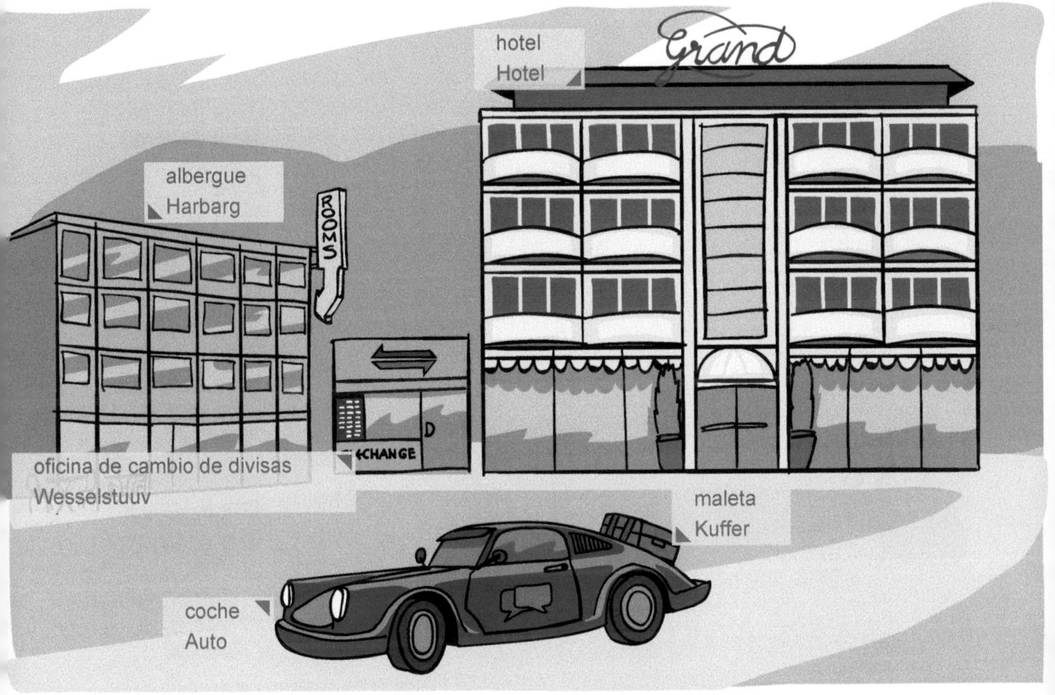

idioma

Spraak

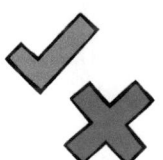

sí / no

jo / ne

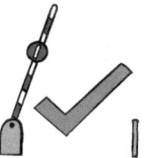

Vale

Jo

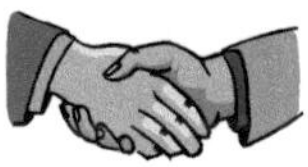

hola

Moin

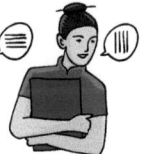

traductor

Översetter

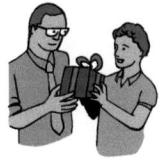

Gracias

Dank ok

¿cuánto es…?

Wat kost…?

No entiendo

Ik verstah nich

problema

Problem

¡Buenas tardes!

Goden Avend

¡Buenos días!

Moin!

¡Buenas noches!

Gode Nacht!

adiós

Tschüüs

dirección

Richt

equipaje

Bagaasch

bolsa

Tasch

mochila

Rüchsack

invitado

Gast

habitación

Stuuv

saco de dormir

Slaapsack

tienda de campaña

Telt

información turística

Touristeninformatschoon

playa

Strand

tarjeta de crédito

Kreditkoort

desayuno

Fröhstück

almuerzo

Meddageten

cena

Avendeten

billete

Fohrkort

ascensor

Fohrstohl

sello

Breefmark

frontera

Grenz

aduana

Toll

embajada

Bottschop

visa

Visum

pasaporte

Pass

transporte
Transport

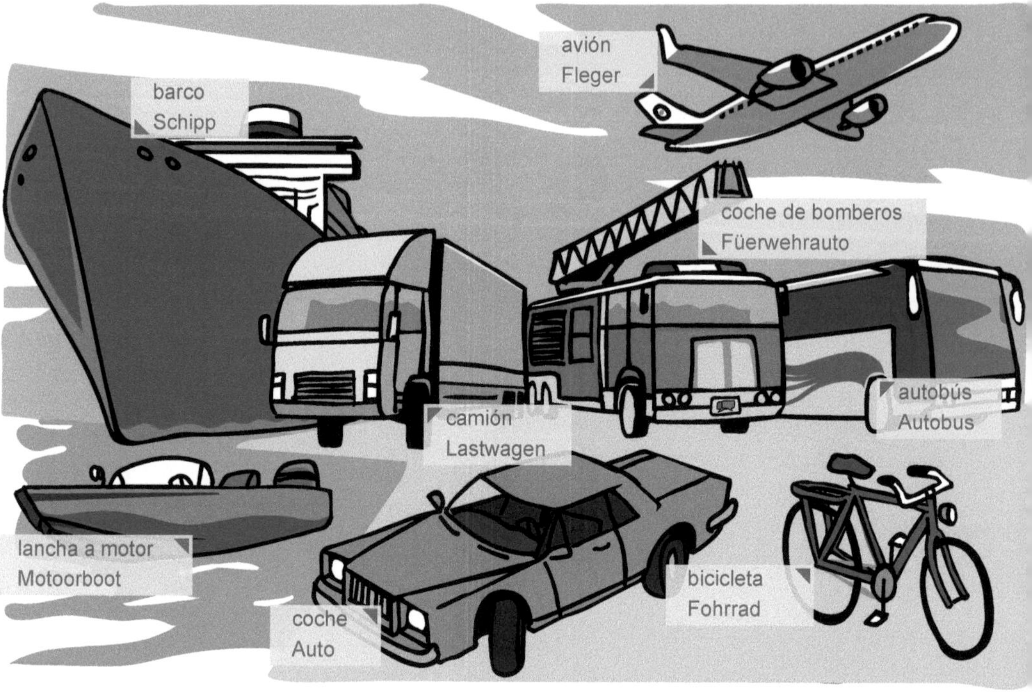

avión
Fleger
barco
Schipp
coche de bomberos
Füerwehrauto
autobús
Autobus
camión
Lastwagen
lancha a motor
Motoorboot
bicicleta
Fohrrad
coche
Auto

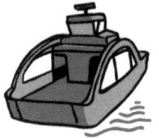

transbordador

Fähr

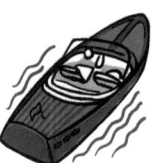

barca

Boot

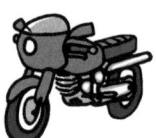

moto

Motoorrad

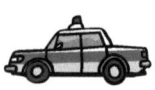

coche de policía

Polizeiauto

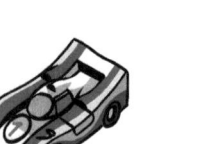

coche de carreras

Rönnauto

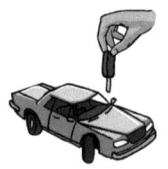

coche de alquiler

Lehnwagen

préstamo de vehículos

Carsharing

grúa

Afsleepwagen

camión de la basura

Müllauto

motor

Motoor

gasolina

Kraftstoff

gasolinera

Tanksteed

señal de tráfico

Verkehrsschild

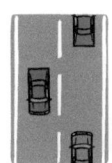

tráfico

Verkehr

atasco

Stau

aparcamiento

Afstellplatz

estación de tren

Bahnhoff

vías

Sporen

tren

Tog

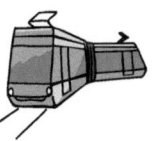

tranvía

Stratenbahn

vagón

Wagon

helicóptero

Dwarsmöhl

aeropuerto

Flooghaven

torre

Tower

pasajero

Fohrgast

contenedor

Grootkist

caja de cartón

Karton

carretilla

Koor

cesta

Korf

despegar / aterrizar

starten / lannen

ciudad

Stadt

pueblo

Dörp

centro de ciudad

Binnenstadt

casa

Huus

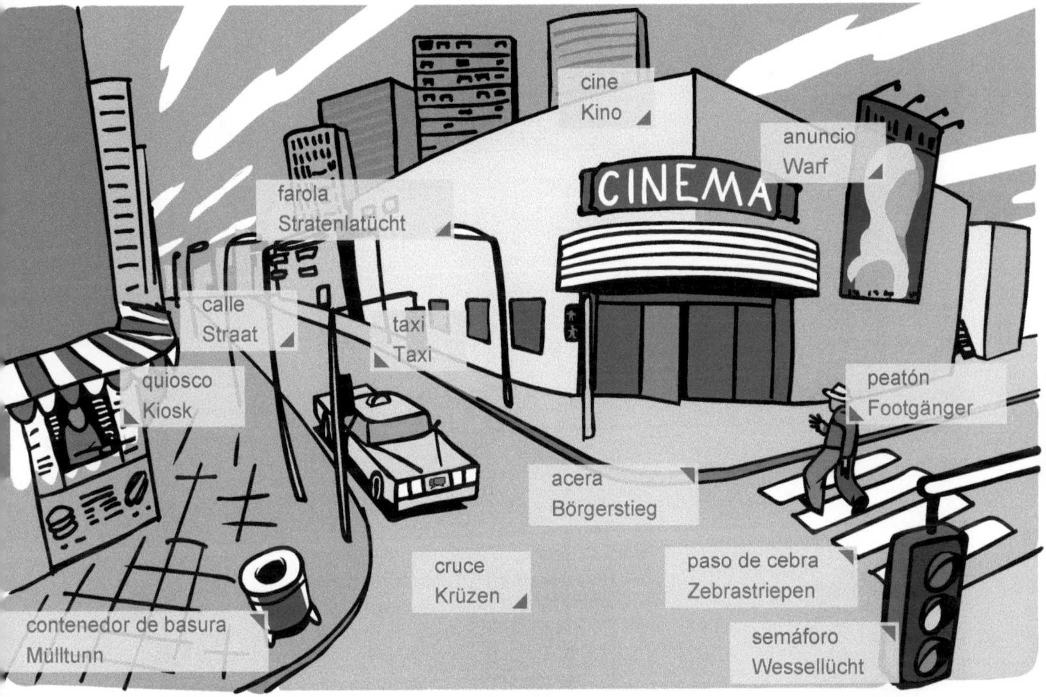

cabaña

Hütt

apartamento

Wahnung

estación de tren

Bahnhoff

ayuntamiento

Raathuus

museo

Museum

escuela

School

universidad

Universität

banco

Bank

hospital

Krankenhuus

hotel

Hotel

farmacia

Afteek

oficina

Büro

librería

Bookhökerie

tienda

Hökerie

floristería

Blomenhökerie

supermercado

Supermarkt

mercado

Markt

grandes almacenes

Koophuus

pescadería

Fischhökerie

centro comercial

Inkoopszentrum

puerto

Haven

parque

Parkanlaag

banco

Bank

puente

Brüch

escaleras

Trepp

metro

Ünnergrundbahn

túnel

Tunnel

parada de autobús

Busstoppsteed

bar

Bar

restaurante

Spieslokal

buzón

Breefkassen

poste indicador

Stratenschild

parquímetro

Parkklock

zoo

Deertenpark

piscina

Baadanstalt

mezquita

Moschee

granja

Buernhoff

contaminación

Ümweltversmudden

cementerio

Karkhoff

iglesia

Kark

patio de juego

Speelplatz

templo

Tempel

paisaje
Landschop

hoja
Blatt

señal
Wiespahl

camino
Weg

prado
Wisch

piedra
Steen

excursionista
Wannerer

árbol
Boom

río
Fluss

hierba
Gras

flor
Bloom

valle

Daal

colina

Barg

lago

See

bosque

Holt

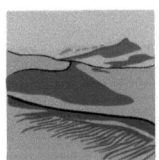

desierto

Wööst

volcán

Füerspien Barg

castillo

Slott

arcoíris

Regenbagen

champiñón

Poggenstohl

palmera

Palm

mosquito

Steekmück

mosca

Fleeg

hormiga

Miegeemk

abeja

Imm

araña

Spinn

escarabajo

Sebber

rana

Pogg

ardilla

Katteker

erizo

Swienegel

liebre

Haas

lechuza

Uul

pájaro

Vagel

cisne

Swaan

jabalí

Wildswien

ciervo

Hirsch

alce

Elk

presa

Staudamm

turbina eólica

Windrad

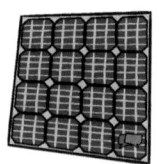

panel solar

Solarmodul

clima

Klima

restaurante
Spieslokal

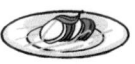

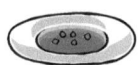

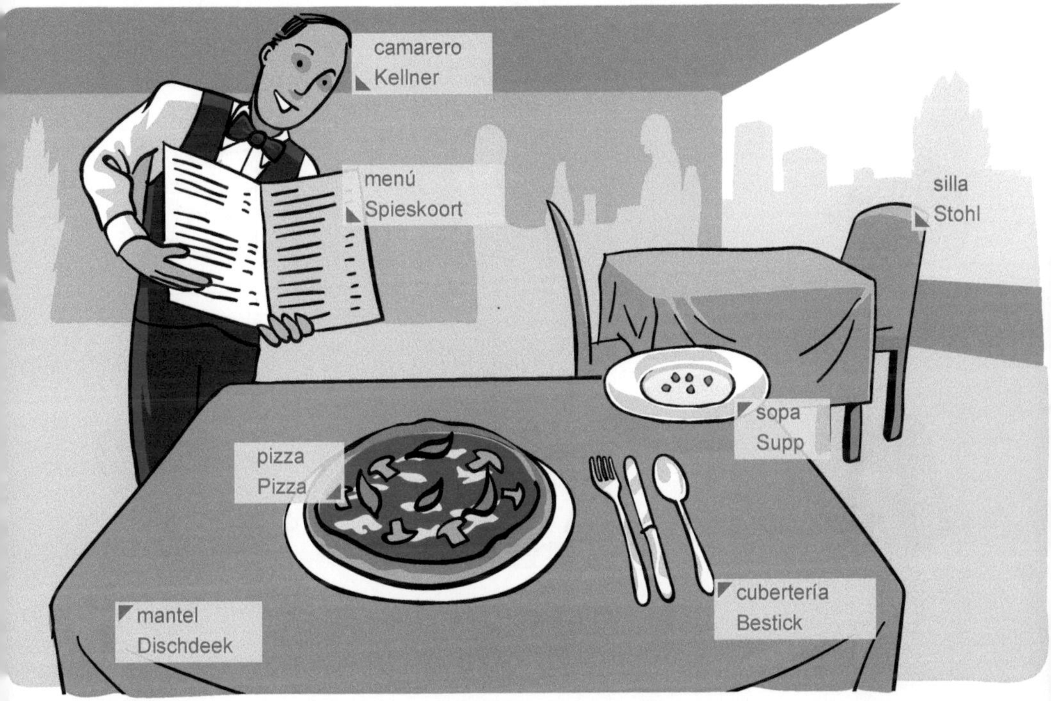
camarero
Kellner
menú
Spieskoort
silla
Stohl
sopa
Supp
pizza
Pizza
cubertería
Bestick
mantel
Dischdeek

primer plato
Vörspies

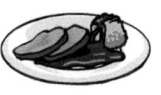

plato principal
Haupteten

postre
Nadisch

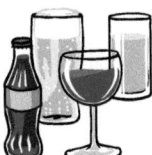

bebidas
Drünk

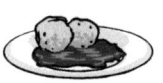

comida
Eten

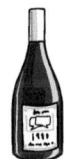

botella
Buddel

comida rápida

Fastfood

comida callejera

Strateneten

tetera

Teekann

azucarero

Zuckerdoos

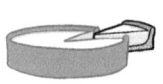

porción

Portschoon

cafetera expreso

Espressomaschien

trona

Hoochstohl

cuenta

Reken

bandeja

Tablett

cuchillo

Mess

tenedor

Gavel

cuchara

Lepel

cucharilla

Teelepel

servilleta

Munddook

vaso

Glas

plato
Töller

plato hondo
Suppentöller

platillo
Ünnertass

salsa
Sooß

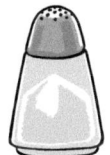

salero
Soltstreuer

molinillo de pimienta
Pepermöhl

vinagre
Etig

aceite
Ööl

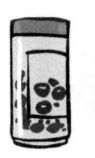

especias
Krüder

ketchup
Ketchup

mostaza
Mostrich

mayonesa
Mayonnaise

supermercado

Supermarkt

oferta especial
Anbott
FOR
cliente
Kunn
lácteos
Melkprodukten
fruta
Aaft
carro de la compra
Inkoopswagen

BUTCHERS

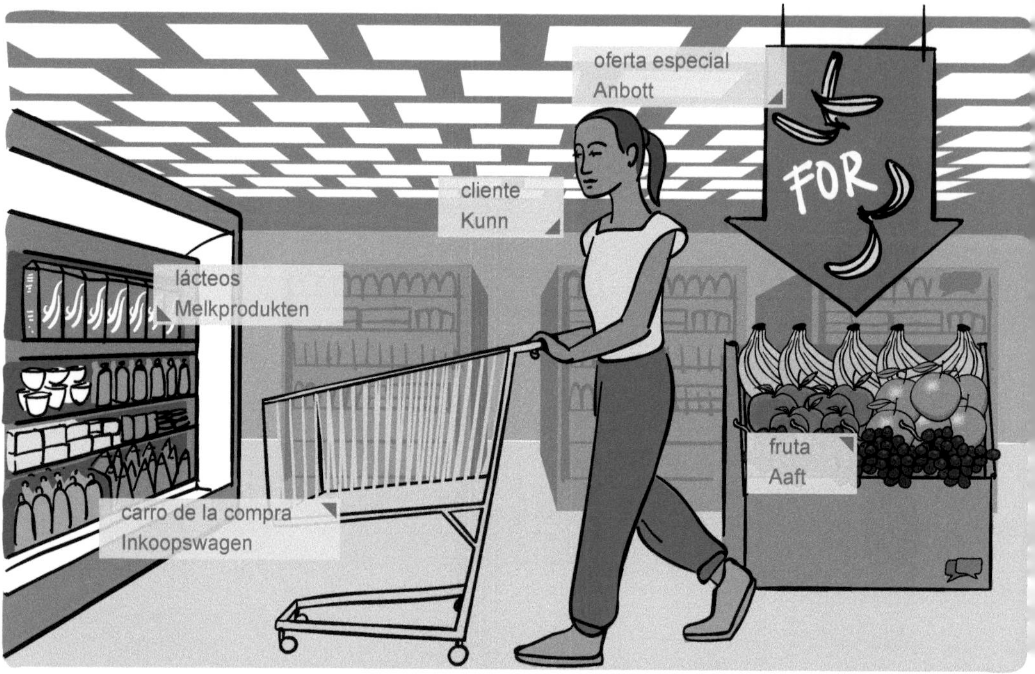

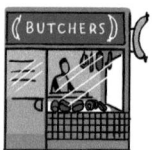

carnicería

Slachterie

BAKERY

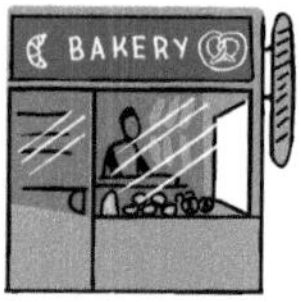

panadería

Bäckerie

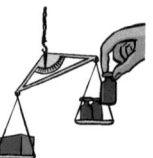

pesar

wegen

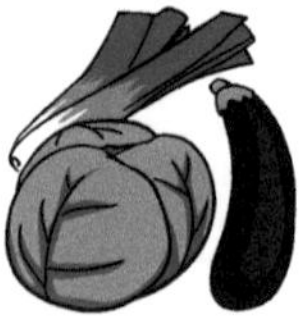

verduras

Gröönsaken

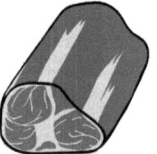

carne

Fleesch

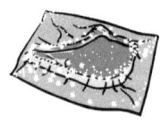

alimentos congelados

Deepköhlkost

fiambres

Opsnitt

conservas

Konserven

detergente en polvo

Waschmiddel

dulces

Snoopkraam

productos de uso doméstico

Huushooltssaken

productos de limpieza

Reinmaaktüüch

vendedora

Verköpersche

caja

Kass

cajero

Kasserer

lista de la compra

Inkoopslist

horario de atención al público

Opsparrtieden

cartera

Breeftasch

tarjeta de crédito

Kreditkoort

bolsa

Tasch

bolsa de plástico

Plastiktüüt

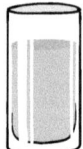

agua

Water

zumo

Saft

leche

Melk

cola

Cola

vino

Wien

cerveza

Beer

alcohol

Spriet

cacao

Kakao

té

Tee

café

Koffie

expreso

Espresso

capuchino

Cappucino

plátano
Banaan

manzana
Appel

naranja
Appelsien

melón
Meloon

limón
Zitroon

zanahoria
Wöttel

ajo
Knuuvlook

bambú
Bambus

cebolla
Zibbel

champiñón
Poggenstohl

avellanas
Nööt

fideos
Nudeln

espagueti

Spaghetti

arroz

Ries

ensalada

Salat

patatas fritas

Pommes frites

patatas fritas

Braadkantüffeln

pizza

Pizza

hamburguesa

Hamborger

sándwich

Sandwich

filete

Snitzel

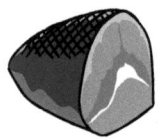

jamón

Schinken

salami

Salami

salchicha

Wust

pollo

Hohn

asado

Braden

pescado

Fisch

copos de avena

Haverflocken

muesli

Müsli

copos de maíz

Cornflakes

harina

Mehl

cruasán

Croissant

panecillo

Rundstück

pan

Broot

tostada

Toast

galletas

Keksen

mantequilla

Botter

cuajada

Quark

pastel

Koken

huevo

Ei

huevo frito

Spegelei

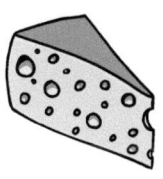

queso

Kees

helado

Ies

azúcar

Zucker

miel

Honnig

mermelada

Marmelaad

crema de turrón

Nougat-Creme

curry

Curry

granja
Buernhuus

fardo de paja
Strohballen

granero
Schüün

campo
Feld

caballo
Peerd

remolque
Hänger

potro
Fahlen

tractor
Trecker

burro
Esel

cordero
Lamm

oveja
Schaap

cabra

Zeeg

vaca

Koh

ternero

Kalf

cerdo

Swien

cerdito

Farken

toro

Bull

ganso

Goos

pato

Aant

pollo

Küken

gallina

Hohn

gallo

Hahn

rata

Rott

gato

Katt

ratón

Muus

buey

Oss

perro

Hund

perrera

Hunnenhütt

manguera

Goornslauch

regadera

Geetkann

guadaña

Lee

arado

Ploog

hoz

Sich

azada

Hack

horca

Mestfork

hacha

Ext

carretilla

Schuufkoor

abrevadero

Trog

lechera

Melkkann

saco

Sack

valla

Tuun

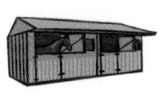

establo

Stall

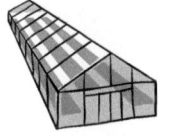

invernadero

Drievhuus

suelo

Bodden

semilla

Saat

fertilizador

Dünger

cosechadora

Meihdöscher

cosechar

oornen

cosecha

Oorn

ñame

Yamswöttel

trigo

Weten

soja

Soja

patata

Kantüffel

maíz

Törksche Weten

semilla de colza

Rapp

árbol frutal

Aaftboom

mandioca

Troopsch Kantüffel

cereales

Koorn

casa
Huus

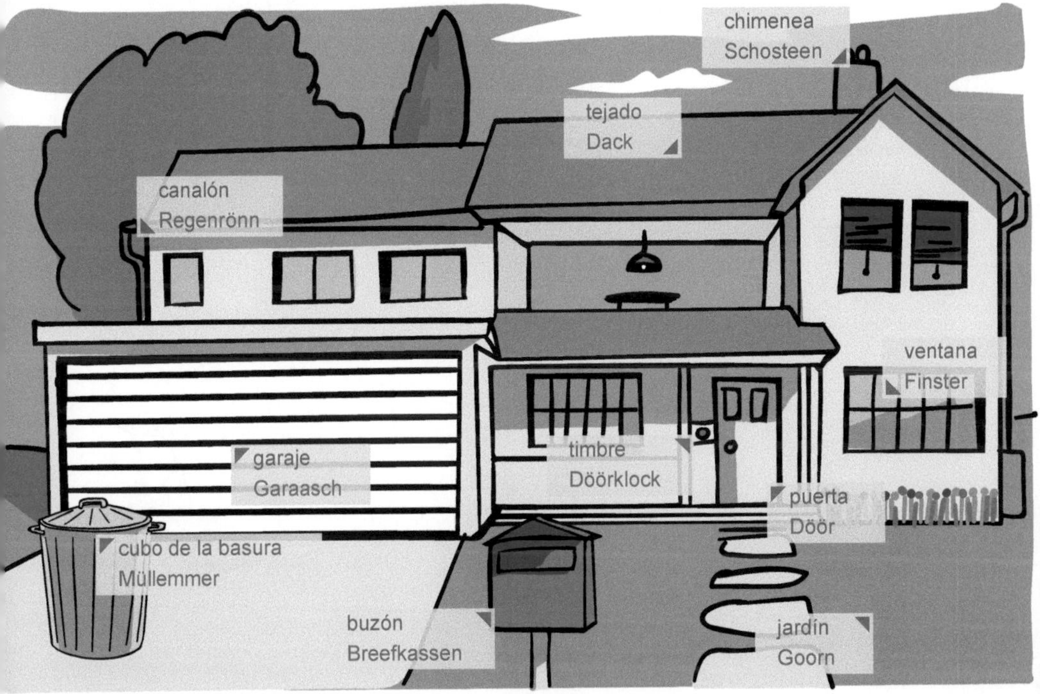
chimenea
Schosteen
tejado
Dack
canalón
Regenrönn
ventana
Finster
garaje
Garaasch
timbre
Döörklock
puerta
Döör
cubo de la basura
Müllemmer
buzón
Breefkassen
jardín
Goorn

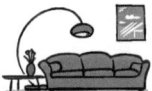

sala

Wahnstuuv

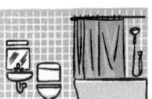

cuarto de baño

Baadstuuv

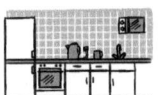

cocina

Köök

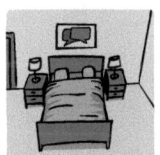

dormitorio

Slaapstuuv

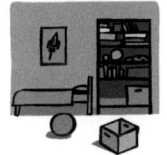

habitación de los niños

Kinnerstuuv

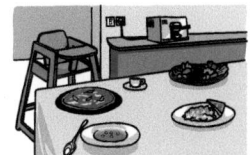

comedor

Eetstuuv

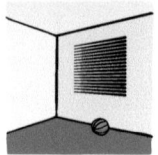

suelo
Footbodden

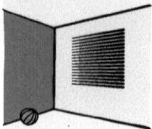

pared
Wand

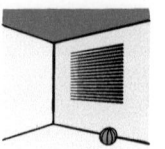

techo
Deek

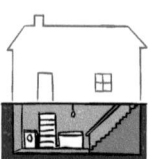

sótano
Keller

sauna
Hittluftbad

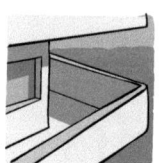

balcón
Balkon

terraza
Terrass

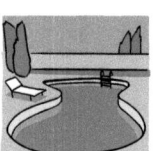

piscina
Swümmbad

cortacésped
Rasenmeiher

sábana
Bettbetog

colcha
Bettdeek

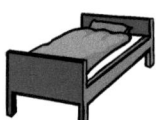

cama
Puuch

escoba
Bessen

balde
Emmer

interruptor
Schalter

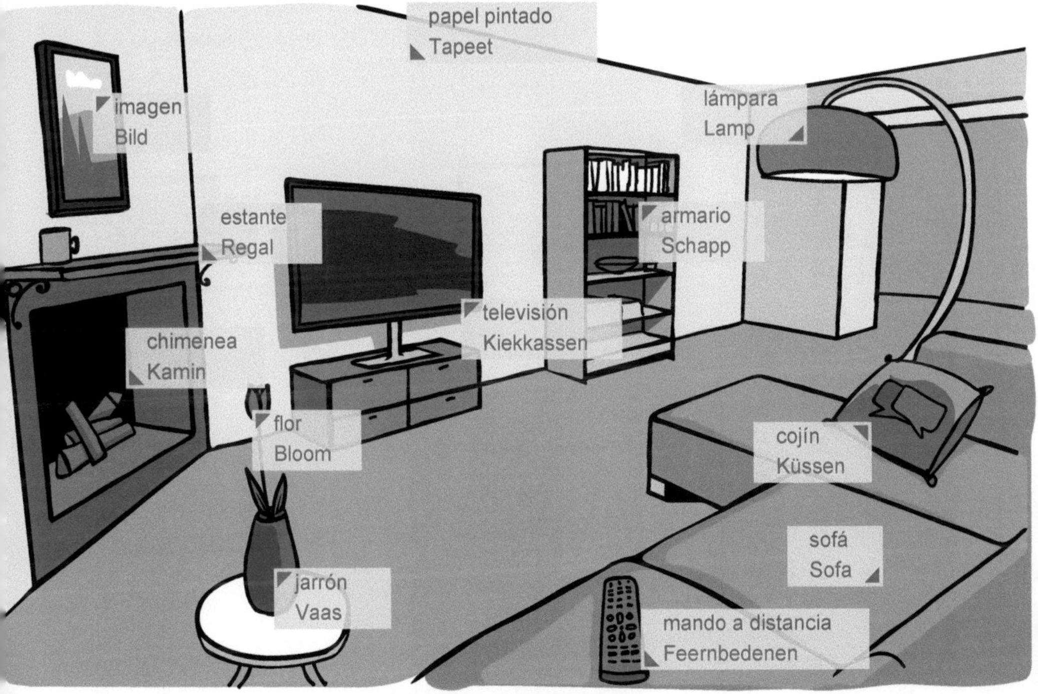

papel pintado
Tapeet

imagen
Bild

lámpara
Lamp

estante
Regal

armario
Schapp

chimenea
Kamin

televisión
Kiekkassen

flor
Bloom

cojín
Küssen

sofá
Sofa

jarrón
Vaas

mando a distancia
Feernbedenen

alfombra
Teppich

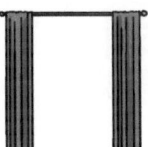

cortina
Vörhang

mesa
Disch

silla
Stohl

mecedora
Schuckelstohl

butaca
Sessel

libro
Book

manta
Deek

decoración
Dekoratschoon

leña
Füerholt

película
Film

equipo de música
Stereoanlaag

llave
Slötel

periódico
Narichtenblatt

pintura
Gemälde

póster
Poster

radio
Radio

cuaderno
Opschrievblock

aspiradora
Huulbessen

cactus
Kaktus

vela
Kars

cocina

Köök

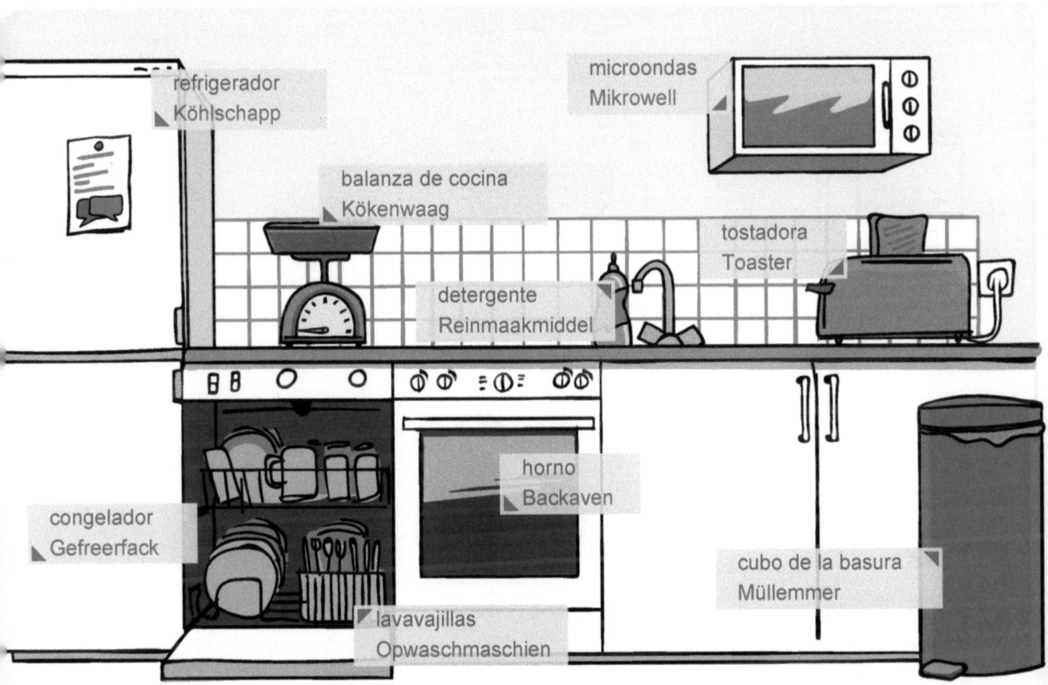
refrigerador
Köhlschapp
microondas
Mikrowell
balanza de cocina
Kökenwaag
tostadora
Toaster
detergente
Reinmaakmiddel
horno
Backaven
congelador
Gefreerfack
cubo de la basura
Müllemmer
lavavajillas
Opwaschmaschien

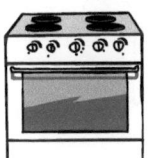

olla a presión

Heerd

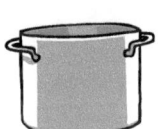

olla

Pott

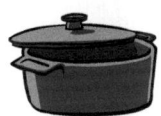

olla de hierro fundido

Gussiesern Putt

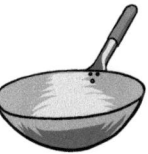

wok / karahi

Wok / Kadai

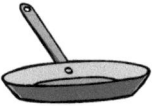

cazuela

Pann

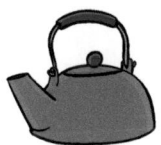

hervidor

Waterkaker

vaporera	chapa de horno	vajilla
Dampkaakputt	Backblick	Geschirr

taza	tazón	palillos
Beker	Schaal	Eetsticken

cucharón	espumadera	batidor
Suppenkell	Pannenwenner	Sneebessen

colador	cedazo	rallador
Kaakseef	Seef	Riev

mortero	barbacoa	hoguera
Mörser	Grill	Füerstell

tabla de picar

Sniedbrett

rodillo

Nudelholt

sacacorchos

Proppentrecker

lata

Doos

abrelatas

Dosenaapner

agarrador

Pottlappen

lavabo

Waschbecken

cepillo

Böst

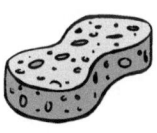

esponja

Swamm

batidora

Mixer

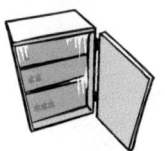

congelador

lesschapp

biberón

Nuckelbuddel

grifo

Waterhahn

cuarto de baño
Baadstuuv

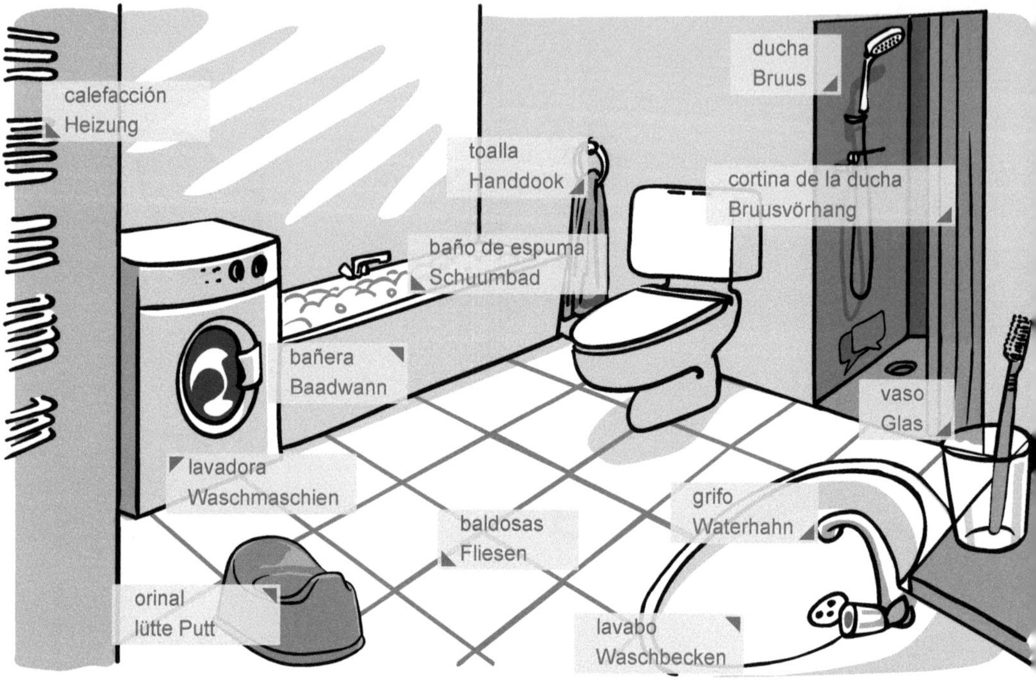

calefacción
Heizung
toalla
Handdook
ducha
Bruus
cortina de la ducha
Bruusvörhang
baño de espuma
Schuumbad
bañera
Baadwann
vaso
Glas
lavadora
Waschmaschien
grifo
Waterhahn
baldosas
Fliesen
orinal
lütte Putt
lavabo
Waschbecken

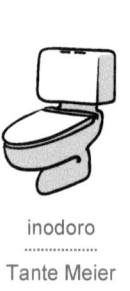

inodoro

Tante Meier

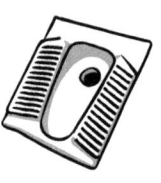

inodoro rústico

Hockklo

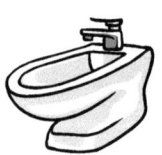

bidé

Bidet

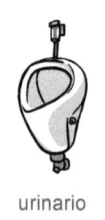

urinario

Miegbecken

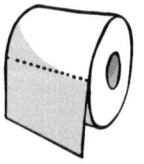

papel higiénico

Klopapeer

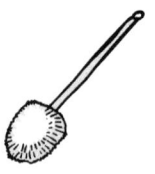

escobilla del váter

Kloböst

cepillo de dientes
Tähnböst

pasta de dientes
Tähnpast

hilo dental
Tähnsied

lavar
waschen

ducha de mano
Handbruus

ducha íntima
Intimbruus

pila
Waschschöttel

cepillo de espalda
Rüchböst

jabón
Seep

gel de ducha
Bruusgeel

champú
Hoorwaschmiddel

toallita
Waschlappen

desagüe
Afloop

crema
Creme

desodorante
Deodorant

espejo

Spegel

espejo de tocador

Kosmetikspegel

maquinilla de afeitar

Raserer

espuma de afeitar

Raseerschuum

loción postafeitado

Raseerwater

peine

Kamm

cepillo

Böst

secador

Hoordröger

laca

Hoorspray

maquillaje

Smink

pintalabios

Lippensticken

pintauñas

Nagellack

algodón

Watt

cortauñas

Nagelscheer

perfume

Rüükwater

estuche de viaje

Kulturbüdel

banqueta

Schemel

balanza

Waag

albornoz

Baadmantel

guantes de goma

Gummihanschen

tampón

Tampon

compresa

Damenbinn

inodoro químico

Chemieklo

habitación de los niños

Kinnerstuuv

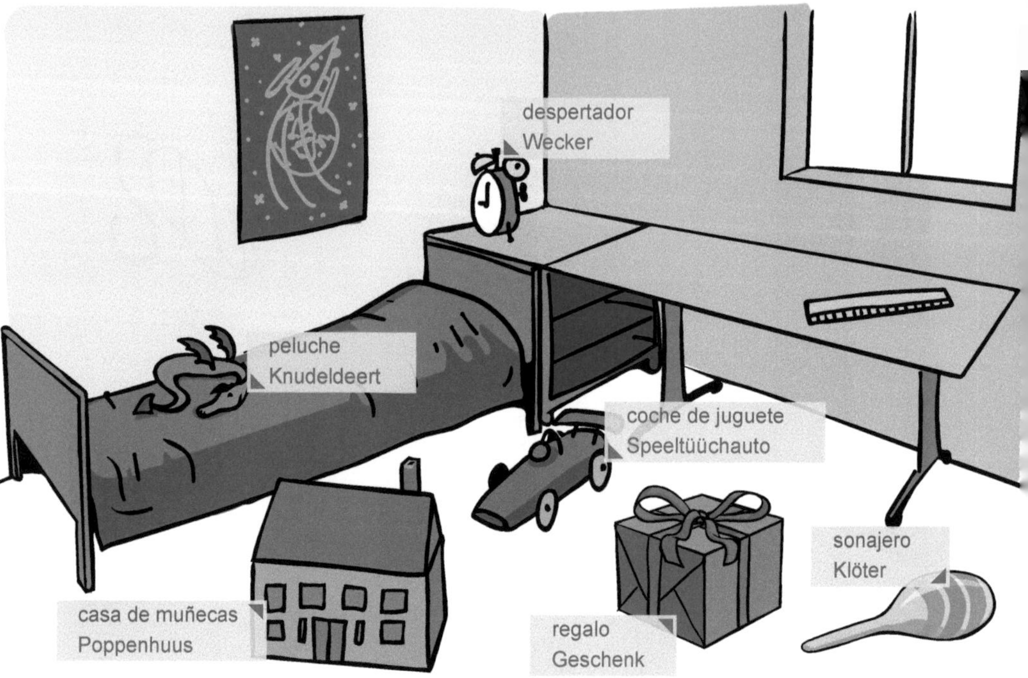

despertador
Wecker
peluche
Knudeldeert
coche de juguete
Speeltüüchauto
sonajero
Klöter
casa de muñecas
Poppenhuus
regalo
Geschenk

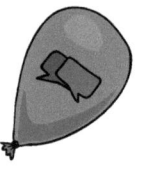

globo

Luftballon

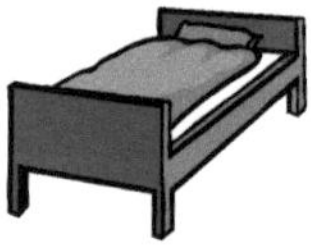

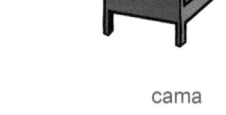

cama

Puuch

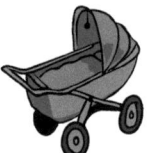

coche de niño

Kinnerwagen

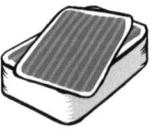

naipes

Koortenspeel

puzle

Puzzle

SUPER
MEGA

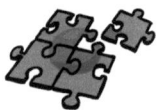

tebeo

Billergeschicht

piezas de lego

Legostenen

bloques de juguete

Bustenen

figura de acción

Action-Figur

bodi (de bebé)

Strampelantog

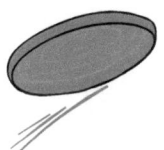

frisbee

Frisbeeschiev

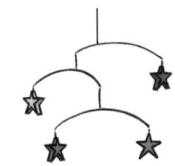

colgador móvil para bebés

Mobile

juego de mesa

Brettspeel

dados

Wörpel

circuito de tren eléctrico

Modelliesenbahn

maniquí

Snuller

fiesta

Party

álbum de fotos

Billerbook

pelota

Ball

muñeca

Popp

jugar

spelen

cajón de arena

Sandkassen

columpio

Schuckel

juguetes

Speeltüüch

videoconsola

Speelkonsool

triciclo

Dreerad

oso de peluche

Teddyboor

guardarropa

Klederschapp

ropa
Tüüch

calcetines

Socken

medias

Strümp

leotardos

Strumpbüx

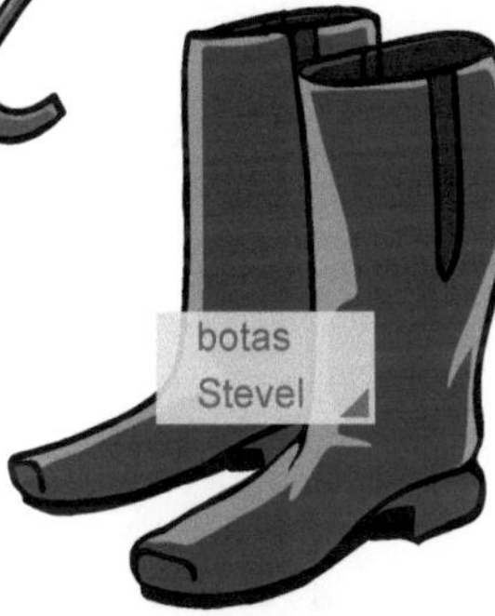

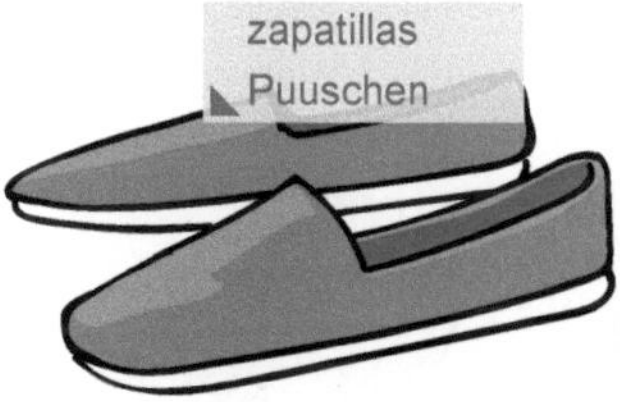

bufanda
Halsdook

paraguas
Paraplü

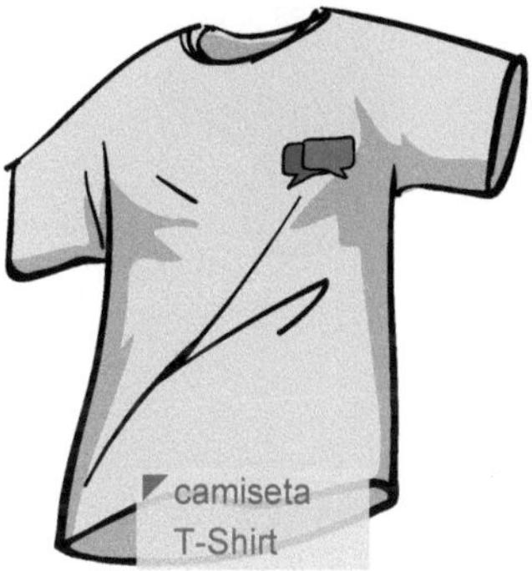

camiseta
T-Shirt

cinturón
Liefreem

botas
Stevel

zapatillas
Puuschen

deportivas
Turnschoh

sandalias
....
Sandalen

zapatos
....
Schoh

botas de goma
....
Gummistevel

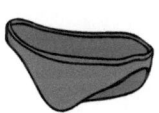

slip
....
Ünnerbüx

sostén
....
Bostholler

chaleco
....
Ünnerhemd

bodi

Lief

pantalones

Büx

vaqueros

Jeansnüx

falda

Rock

blusa

Bluus

camisa

Hemd

jersey

Pullover

suéter

Kapuzenpullover

blazer

Blazer

chaqueta

Jack

abrigo

Mantel

gabardina

Övertrecker

traje

Kostüm

vestido

Kleed

vestido de novia

Hochtietskleed

traje

Antog

camisón

Nachtkleed

pijama

Slaapantog

sari

Sari

bandana

Koppdook

turbante

Turban

burka

Burka

caftán

Kaftan

abaya

Abaya

traje de baño

Baadantog

bañador

Baadbüx

pantalones cortos

Korte Büx

chándal

Antog to'n Öven

delantal

Schört

guantes

Handschoh

botón

Knopp

gafas

Brill

brazalete

Armband

collar

Halskeed

anillo

Ring

pendiente

Ohrbummel

gorra

Mütz

percha

Klederbögel

sombrero

Hoot

corbata

Binner

cremallera

Rietslüter

casco

Helm

tirantes

Drachtband

uniforme escolar

Schooluniform

uniforme

Uniform

babero

Severböten

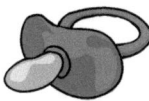

maniquí

Snuller

pañal

Winnel

oficina
Büro

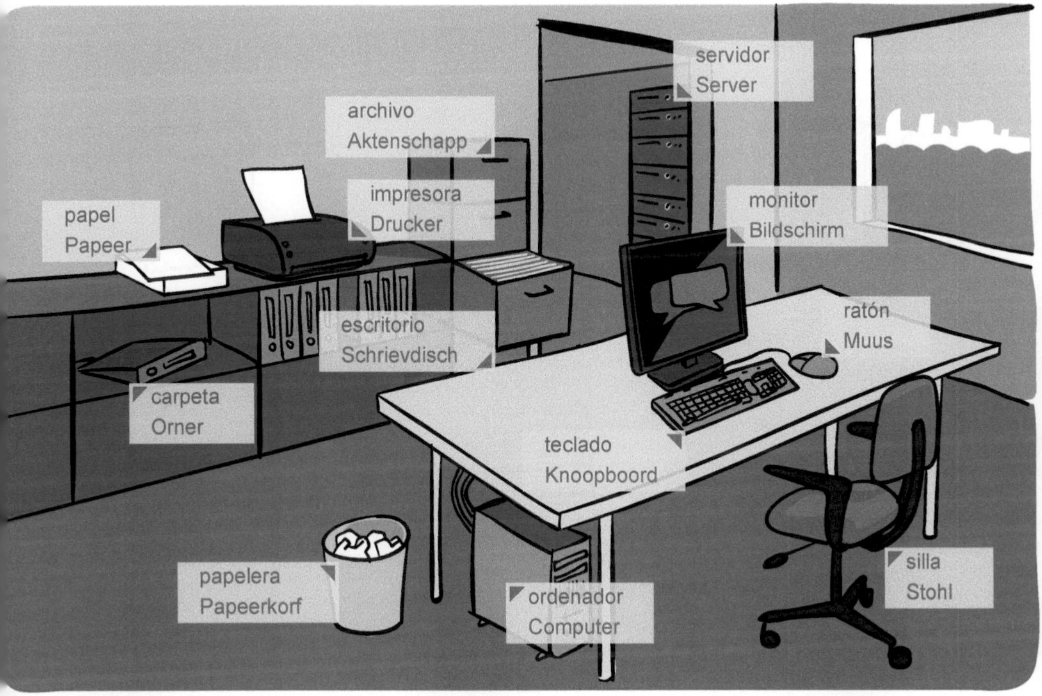

servidor
Server

archivo
Aktenschapp

impresora
Drucker

papel
Papeer

monitor
Bildschirm

escritorio
Schrievdisch

ratón
Muus

carpeta
Orner

teclado
Knoopboord

papelera
Papeerkorf

ordenador
Computer

silla
Stohl

taza de café

Koffiebeker

calculadora

Taschenreekner

internet

Internet

portátil

Klappreekner

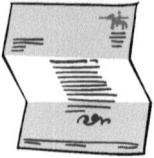

carta

Breef

mensaje

Naricht

móvil

Ackersnacker

red

Nettwark

fotocopiadora

Kopeerapparat

software

Software

teléfono

Klöönkassen

toma de corriente

Steekdoos

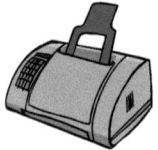

fax

Faxapparat

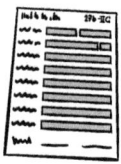

formulario

Formulor

documento

Dokument

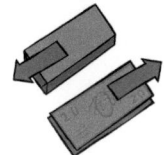

comprar

köpen

pagar

betahlen

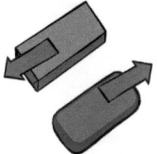

comerciar

hanneln

dinero

Geld

dólar

Dollar

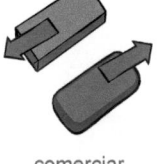

euro

Euro

yen

Yen

rublo

Ruvel

franco suizo

Swiezer Franken

renminbi yuan

Renminbi Yuan

rupia

Rupie

cajero automático

Geldautomat

oficina de cambio de divisas

Wesselstuuv

oro

Gold

plata

Sülver

petróleo

Ööl

energía

Energie

precio

Pries

contrato

Verdrag

impuesto

Stüer

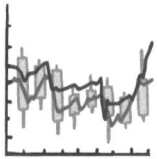

acción

Andeelschien

trabajar

arbeiden

empleado

Anstellte

empleador

Arbeitgever

fábrica

Fabrik

tienda

Hökerie

oficios
Profeschonen

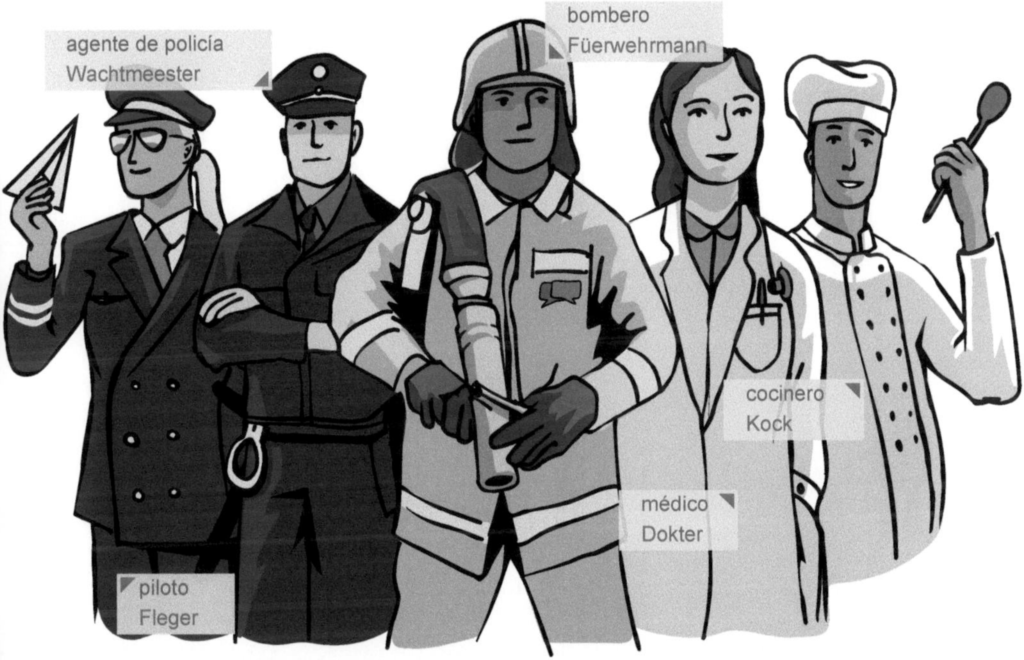

agente de policía
Wachtmeester
bombero
Füerwehrmann
cocinero
Kock
médico
Dokter
piloto
Fleger

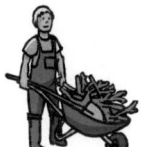

jardinero

Goorner

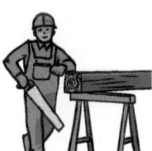

carpintero

Discher

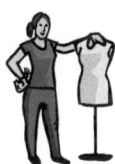

costurera

Neihersche

juez

Richter

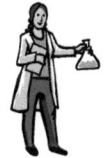

farmacéutico

Chemiker

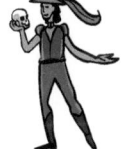

actor

Schauspeler

conductor de autobús

Busfohrer

taxista

Taxifohrer

pescador

Fischer

señora de la limpieza

Reinmaakfru

techador

Dackdecker

camarero

Kellner

cazador

Jäger

pintor

Maler

panadero

Bäcker

electricista

Elektriker

obrero

Buarbeider

ingeniero

Ingenieur

carnicero

Slachter

fontanero

Klempner

cartero

Postbüdel

soldado

Suldat

arquitecto

Architekt

cajero

Kasserer

florista

Florist

peluquero

Putzbüdel

revisor

Schaffner

mecánico

Mechaniker

capitán

Kaptein

dentista

Tähndokter

científico

Wetenschopler

rabino

Rabbi

imán

Imam

monje

Mönk

sacerdote

Paap

herramientas
Warktüüch

martillo
Hamer
alicates
Tang
destornillador
Schruvendreiher
llave
Schruvenslötel
linterna
Taschenlamp

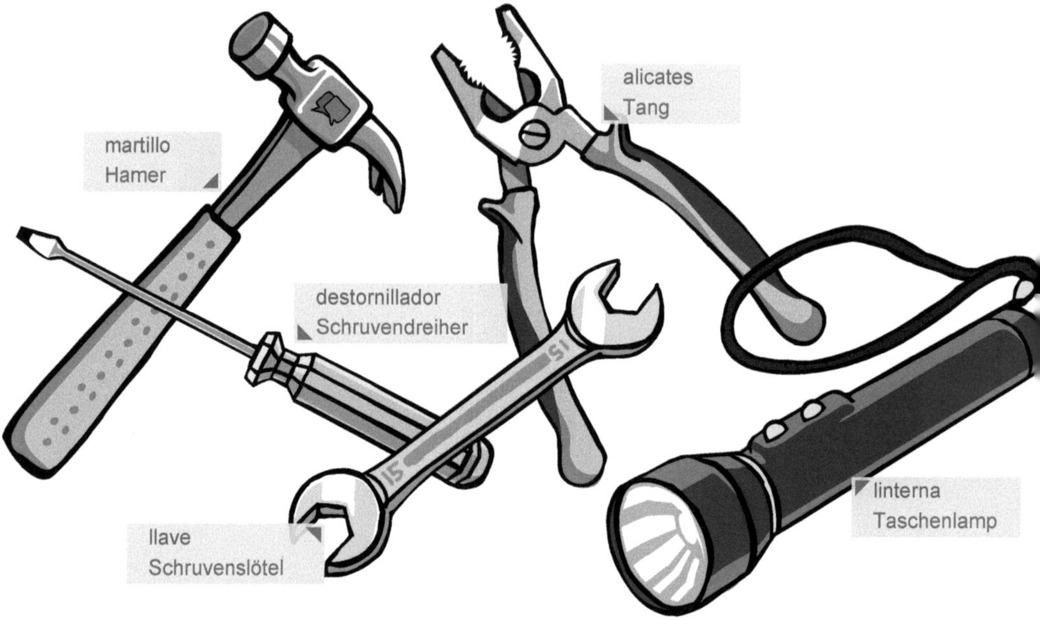

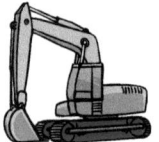

excavadora

Grieper

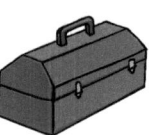

caja de herramientas

Warktüüchkassen

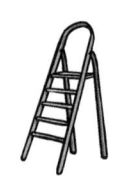

escalera de mano

Ledder

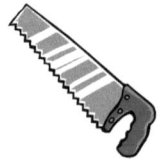

sierra

Saag

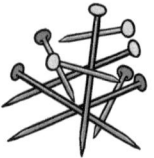

clavos

Nagels

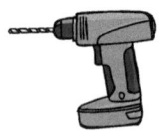

taladro

Bohrer

reparar

heelmaken

pala

Schüffel

¡Maldita sea!

Schiet!

recogedor

Kehrblick

bote de pintura

Farvpott

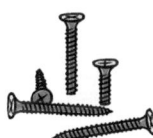

tornillos

Schruven

instrumentos musicales
Musikinstrumenten

altavoz
Luutsnacker

batería
Slagtüüch

guitarra
Rietfiedel

contrabajo
Bass-Vigelien

trompeta
Trumpeet

piano

Klaveer

violín

Vigelien

bajo

Bass

timbales

Pauk

tambor

Trummeln

teclado

Keyboard

saxofón

Saxophon

flauta

Fleut

micrófono

Mikrofoon

ZOO

Deertenpark

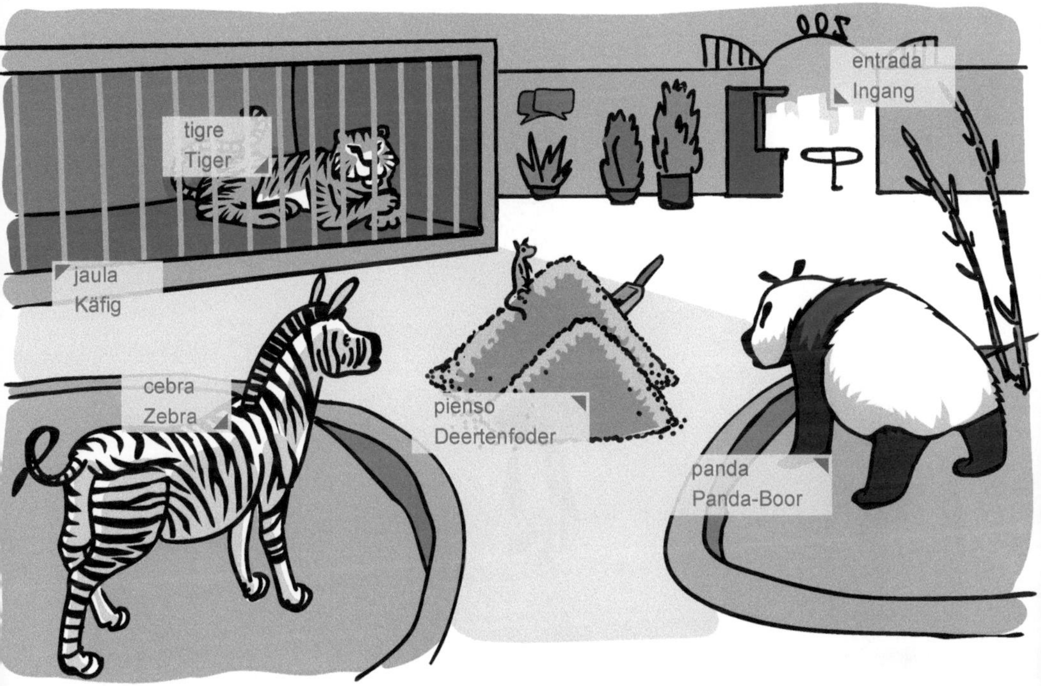
entrada
Ingang
tigre
Tiger
jaula
Käfig
cebra
Zebra
pienso
Deertenfoder
panda
Panda-Boor

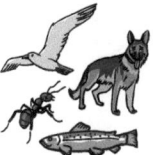

animales

Deerten

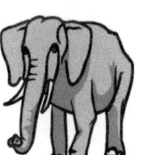

elefante

Elefant

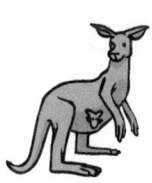

canguro

Känguru

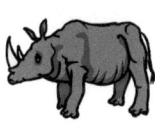

rinoceronte

Neeshoorn

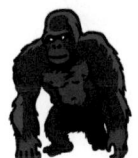

gorila

Gorilla

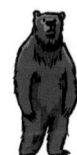

oso

Boor

camello

Kameel

avestruz

Struuß

león

Lööv

mono

Aap

flamingo

Flamingo

loro

Papagoi

oso polar

lesboor

pingüino

Pinguin

tiburón

Haifisch

pavo real

Pageluun

serpiente

Slang

cocodrilo

Krokodil

guardián de zoológico

Oppasser in'n Deertenpark

foca

Saalhund

jaguar

Jaguor

poni

Pony

leopardo

Leopard

hipopótamo

Nilpeerd

jirafa

Giraff

águila

Aadler

jabalí

Wildswien

pescado

Fisch

tortuga

Schildkrööt

morsa

Walross

zorro

Voss

gacela

Gazell

deportes
Sport

fútbol americano
Amerikaansch Football

ciclismo
Radfohren

tenis
Tennis

baloncesto
Korfball

natación
Swümmen

boxeo
Boxen

hockey sobre hielo
Ieshockey

fútbol
Football

bádminton
Fedderball

atletismo
Leichtathletik

balonmano
Handball

esquí
Skilopen

polo
Polo

saltar
springen

reír
lachen

abrazar
ümarmen

caminar
gahn

cantar
singen

soñar
drömen

rezar
beden

besar
snuteln

escribir

schrieven

dibujar

teken

mostrar

wiesen

empujar

drücken

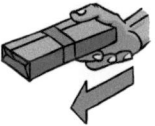

dar

geven

tomar

nehmen

tener

hebben

hacer

doon

ser

sien

estar de pie

stahn

correr

lopen

tirar

trecken

tirar

smieten

caer

fallen

yacer

liggen

esperar

töven

llevar

dregen

estar sentado

sitten

vestirse

antrecken

dormir

slapen

despertar

opwaken

mirar

ankieken

llorar

wenen

acariciar

eien

peinar

kämmen

hablar

snacken

entender

verstahn

preguntar

fragen

escuchar

hören

beber

drinken

comer

eten

ordenar

oprümen

amar

leefhebben

cocinar

kaken

conducir

fohren

volar

flegen

navegar
segeln

calcular
reken

leer
lesen

aprender
lehren

trabajar
arbeiden

casarse
de Plünnen tohoopsmieten

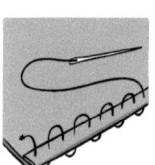

coser
neihen

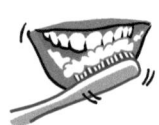

cepillarse los dientes
Tähnen putzen

matar
dootmaken

fumar
smöken

enviar
schicken

familia
Familje

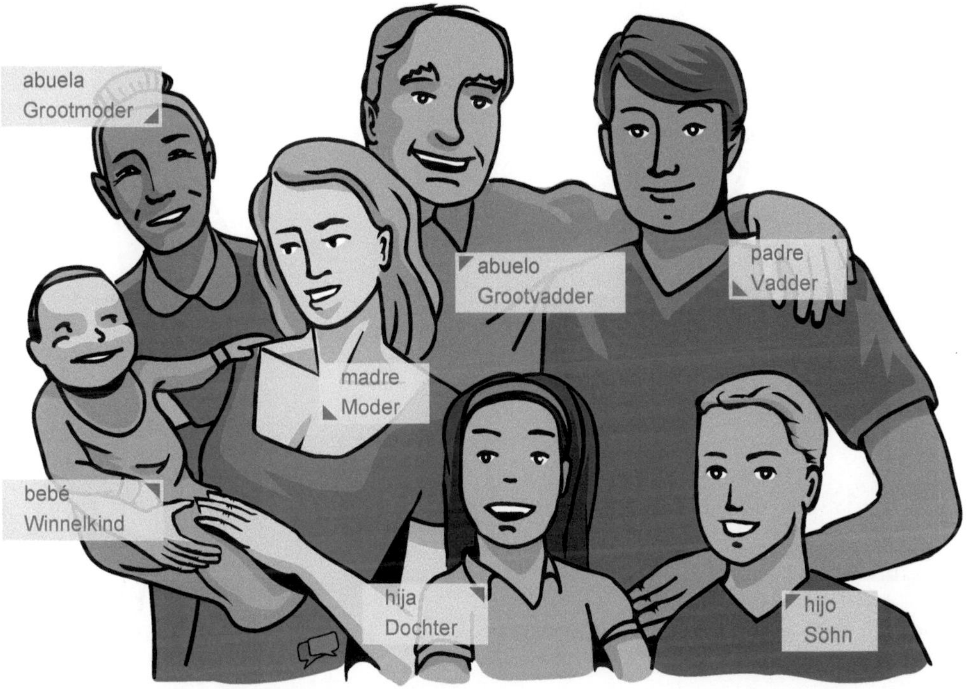
abuela
Grootmoder
abuelo
Grootvadder
padre
Vadder
madre
Moder
bebé
Winnelkind
hija
Dochter
hijo
Söhn

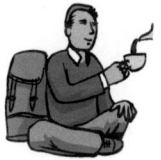

invitado

Gast

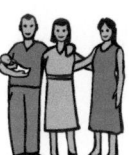

tía

Tant

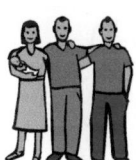

tío

Unkel

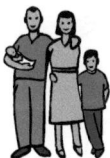

hermano

Broder

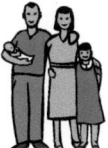

hermana

Süster

cuerpo
Lief

frente
Vörkopp
ojo
Oog
hombro
Schuller
dedo
Finger
cara
Gesicht
barbilla
Kinn
mano
Hand
pierna
Been
pecho
Bost
brazo
Arm

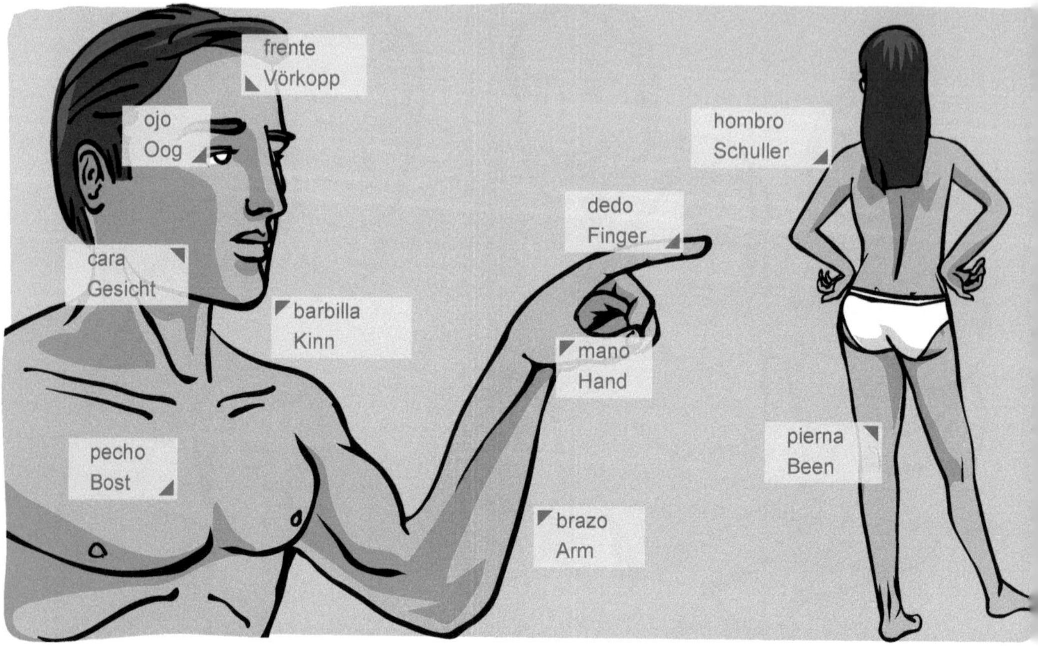

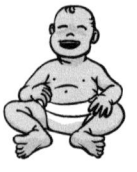

bebé

Winnelkind

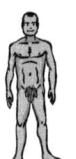

hombre

Mann

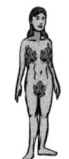

mujer

Fro

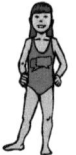

chica

Deern

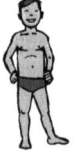

chico

Jung

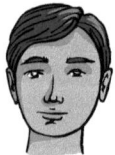

cabeza

Arm

espalda

Rüch

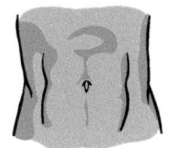

vientre

Buuk

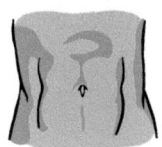

ombligo

Navel

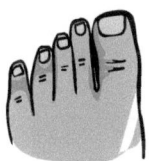

dedo del pie

Teh

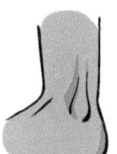

talón

Hack

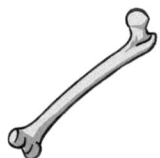

hueso

Knaken

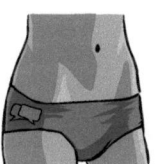

cadera

Hüft

rodilla

Knee

codo

Ellbagen

nariz

Nees

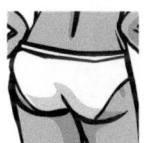

trasero

Achtersen

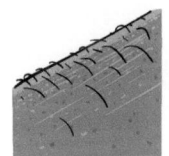

piel

Huut

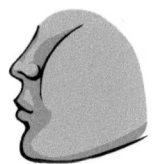

mejilla

Back

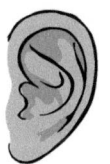

oído

Ohr

labio

Lipp

boca

Mund

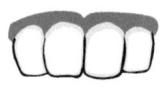

diente

Tähn

lengua

Tung

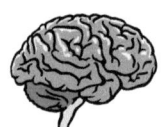

cerebro

Bregen

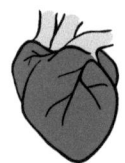

corazón

Hart

músculo

Muskel

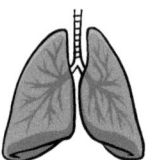

pulmón

Lung

hígado

Lever

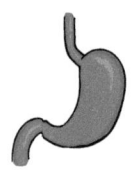

estómago

Maag

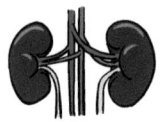

riñones

Neren

sexo

Bislaap

condón

Kondoom

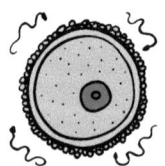

ovario

Eizell

semen

Sperma

embarazo

Anner Ümstänn

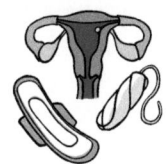

menstruación
....
Menstruatschoon

vagina
....
Scheed

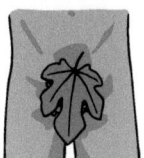

pene
....
Pint

ceja
....
Ogenbroe

pelo
....
Hoor

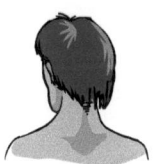

cuello
....
Hals

hospital
Krankenhuus

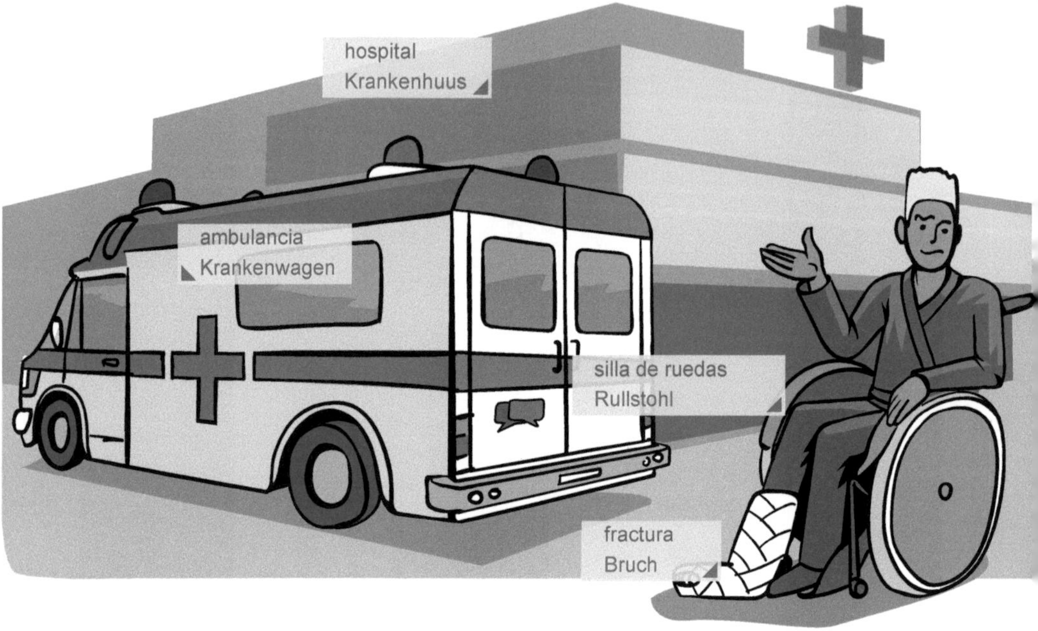

hospital
Krankenhuus
ambulancia
Krankenwagen
silla de ruedas
Rullstohl
fractura
Bruch

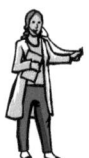

médico

Dokter

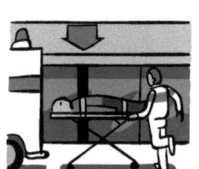

sala de urgencias

Nootopnahm

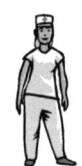

enfermera

Krankensüster

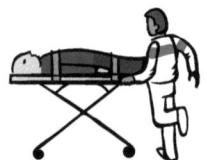

urgencia

Nootfall

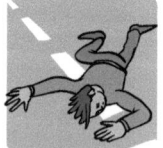

inconsciente

ahnmächtig

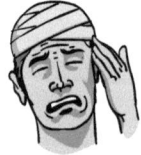

dolor

Wehdaag

lesión

Verwunnen

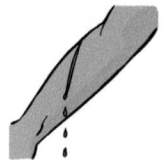

hemorragia

Blöden

infarto

Hartinfarkt

ictus

Slaganfall

alergia

Allergie

tos

Hoosten

fiebre

Fever

gripe

Gripp

diarrea

Dörchfall

dolor de cabeza

Koppwehdaag

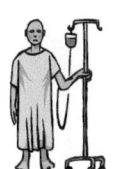

cáncer

Kreeft

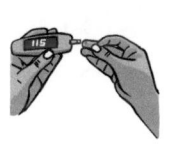

diabetes

Zuckersüük

cirujano

Chirurg

bisturí

Chirurgsch Mess

operación

Operatschoon

TAC
CT

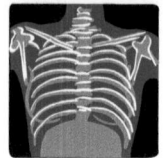

rayos x
Dörchlüchten

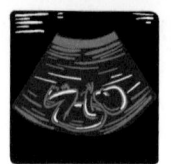

ultrasonido
Ultraschall

mascarilla
Mask

enfermedad
Krankheit

sala de espera
Töövruum

muleta
Krück

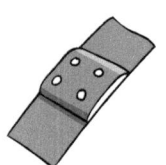

tirita
Plaaster

venda
Verband

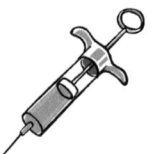

inyección
Insprütten

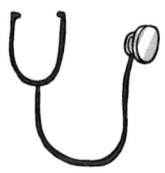

estetoscopio
Stethoskop

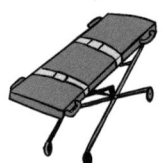

camilla
Draag

termómetro
Feverthermometer

nacimiento
Geboort

sobrepeso
Övergewicht

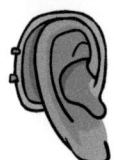

audífono

Höörapparat

desinfectante

Kiemfriemiddel

infección

Ansteken

virus

Virus

VIH / SIDA

HIV / AIDS

medicina

Heelmiddel

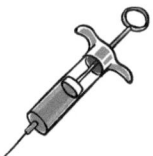

vacunación

Impen

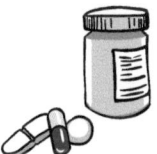

tabletas

Tabletten

pastilla

Pill

llamada de urgencia

Nootroop

tensiómetro

Blootdruck-Meter

enfermo / sano

krank / gesund

¡Socorro!

Hölp!

alarma

Alarm

asalto

Överfall

ataque

Angreep

peligro

Gefohr

salida de emergencia

Nootutgang

¡Fuego!

Füer!

extintor de incendios

Füerlöscher

accidente

Unfall

botiquín de primeros auxilios

Noothölpkoffer

SOS

SOS

policía

Polizei

Europa

Europa

Norteamérica

Noordamerika

Sudamérica

Süüdamerika

África

Afrika

Asia

Asien

Australia

Australien

Atlántico

Atlantik

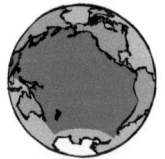

Pacífico

Pazifik

Océano Índico

Indisch Weltmeer

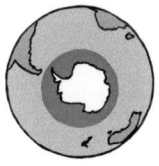

Océano Antártico

Antarktisch Weltmeer

Océano Ártico

Arktisch Weltmeer

polo norte

Noordpol

polo sur

Süüdpol

Antártida

Antarktis

tierra

Eerd

tierra

Land

mar

See

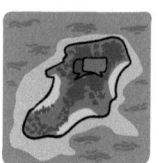

isla

Eiland

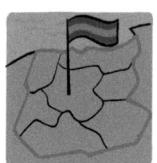

nación

Natschoon

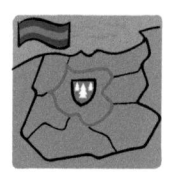

estado

Staat

esfera

Tallenblatt

manecilla de las horas

Stunnenwieser

minutero

Minutenwieser

segundero

Sekunnenwieser

¿Qué hora es?

Wo laat is dat?

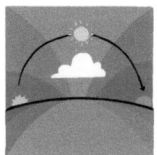

día

Dag

tiempo

Tiet

ahora

nu

reloj digital

digetaalsch Klock

minuto

Minuut

hora

Stunn

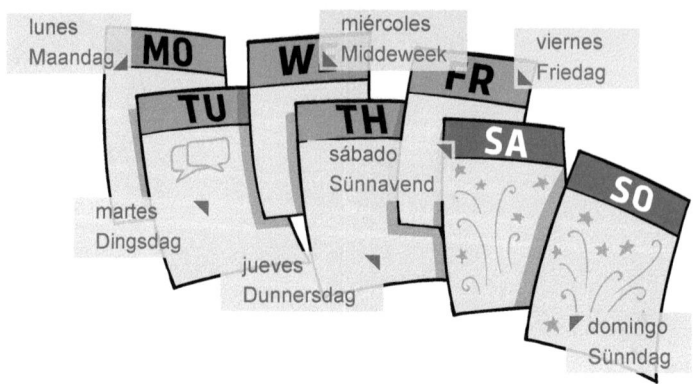

lunes
Maandag
miércoles
Middeweek
viernes
Friedag
martes
Dingsdag
jueves
Dunnersdag
sábado
Sünnavend
domingo
Sünndag

ayer

güstern

hoy

hüüt

mañana

morgen

mañana

Morgen

mediodía

Meddag

tarde

Avend

días laborables

Arbeitsdaag

fin de semana

Wekenenn

año
Johr

lluvia
Regen
arcoíris
Regenbagen
nieve
Snee
viento
Wind
primavera
Fröhjohr
otoño
Harvst
verano
Sommer
invierno
Winter

4.APRIL 11°
5.APRIL 4°
6.APRIL 13°
7.APRIL 8°
8.APRIL 10°

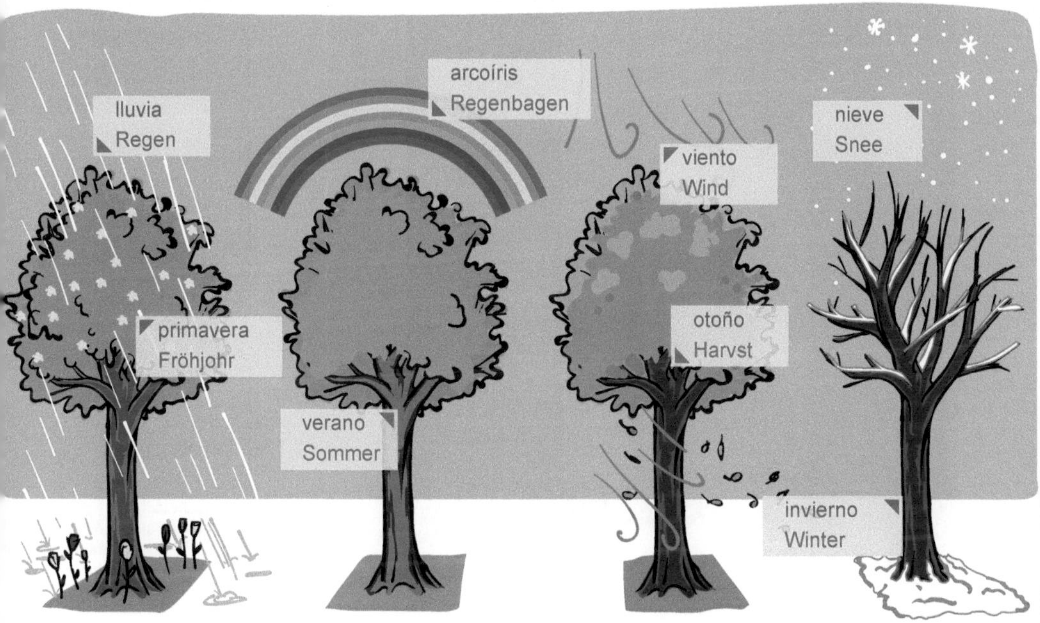

pronóstico del tiempo

Wedervörhersaag

F
C
120
90
60
30
0
-30
40
30
20
10
0
-10
-20

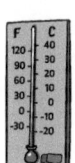

termómetro

Thermometer

sol

Sünnenschien

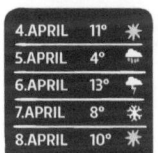

nube

Wulk

niebla

Nevel

humedad

Luftfuchtigkeit

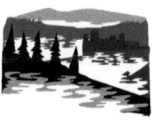

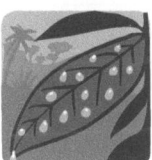

rayo

Blitz

trueno

Dunner

tormenta

Storm

granizo

Hagel

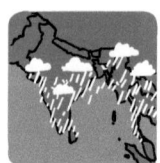

monzón

Monsun

inundación

Floot

hielo

Ies

enero

Januormaand

febrero

Februormaand

marzo

Martmaand

abril

Aprilmaand

mayo

Maimaand

junio

Junimaand

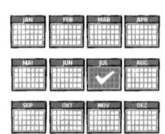

julio

Julimaand

agosto

Augustmaand

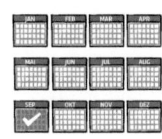

septiembre

Septembermaand

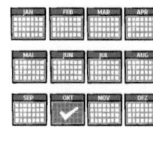

octubre

Oktobermaand

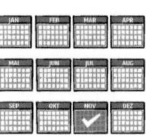

noviembre

Novembermaand

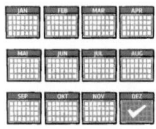

diciembre

Dezembermaand

formas
Formen

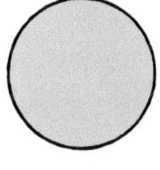

círculo

Krink

cuadrado

Quadrat

rectángulo

Rechteck

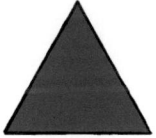

triángulo

Dreeeck

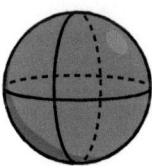

esfera

Kugel

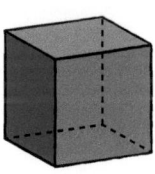

cubo

Wörpel

blanco

witt

amarillo

geel

anaranjado

orangsch

rosa

pink

rojo

root

morado

lila

azul

blau

verde

gröön

marrón

bruun

gris

gries

negro

swart

mucho / poco

veel / wenig

enojado / tranquilo

böös / verdreeglich

bonito / feo

smuck / mies

principio / fin

Begünn / Enn

grande / pequeño

groot / lütt

claro / oscuro

hell / düüster

hermano / hermana

Broder / Süster

limpio / sucio

schier / schietig

completo / incompleto

kumpleet / nich kumpleet

día / noche

Dag / Nacht

muerto / vivo

doot / lebennig

ancho / estrecho

breet / small

comestible / no comestible

geneetbor / nich geneetbor

malo / amable

böös / fründlich

entusiasmado / aburrido

fickerig / langwielt

gordo / delgado

dick / dünn

primero / último

toeerst / toletzt

amigo / enemigo

Fründ / Fiend

lleno / vacío

vull / leddig

duro / blando

hart / week

pesado / ligero

swoor / licht

hambre / sed

Smacht / Döst

enfermo / sano

krank / gesund

ilegal / legal

nich na't Recht / na't Recht

inteligente / tonto

klook / dummerhaftig

izquierda / derecha

linkerhand / rechterhand

cerca / lejos

neeg / feern

nuevo / usado

nieg / bruukt

nada / algo

nix / wat

viejo / joven

oolt / jung

encendido / apagado

an / ut

abierto / cerrado

apen / slaten

silencioso / ruidoso

lies / luut

rico / pobre

riek / arm

correcto / incorrecto

richtig / verkehrt

áspero / suave

ruug / glatt

triste / contento

trurig / glücklich

corto / largo

kort / lang

lento / rápido

suutje / flink

húmedo / seco

natt / dröög

cálido / frío

warm / köhl

guerra / paz

Krieg / Freden

Tallen

0	**1**	**2**
cero	uno	dos
null	een	twee

3	**4**	**5**
tres	cuatro	cinco
dree	veer	fief

6	**7**	**8**
seis	siete	ocho
söss	söven	acht

9	**10**	**11**
nueve	diez	once
negen	teihn	ölven

12	**13**	**14**
doce	trece	catorce
twölf	dörteihn	veerteihn

15	**16**	**17**
quince	dieciséis	diecisiete
föffteihn	sössteihn	söventeihn

18	**19**	**20**
dieciocho	diecinueve	veinte
achtteihn	negenteihn	twintig

100	**1.000**	**1.000.000**
cien	mil	millón
hunnert	dusend	million

inglés

Engelsch

inglés americano

Amerikaansch Engelsch

chino mandarín

Chineesch Mandarin

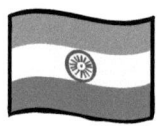

hindi

Hindi

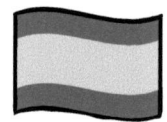

español

Spaansch

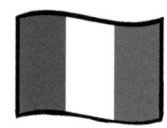

francés

Franzöösch

árabe

Araabsch

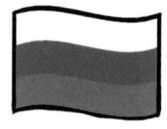

ruso

Rusch

portugués

Portugiesch

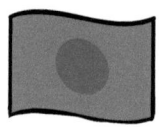

bengalí

Bengaalsch

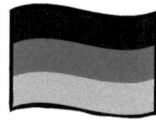

alemán

Düütsch

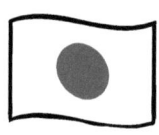

japonés

Japaansch

yo

ik

tú

du

él / ella / ello

he / se / dat

nosotros/as

wi

vosotros/as

ji

ellos/as

se

¿quién?

keen?

¿qué?

wat?

¿cómo?

woans?

¿dónde?

woneem?

¿cuándo?

wannehr?

nombre

Naam

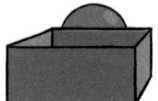

detrás

achter

en

in

delante de

vör

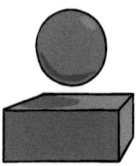

por encima de

över

sobre

op

debajo de

ünner

junto a

blangen

entre

twüschen

lugar

Oort